# HESITAÇÕES EM CIÊNCIA DA RELIGIÃO

CHARLES ODEVAN XAVIER

FORTALEZA – BRASIL - 2015

# SUMÁRIO

## DEDICATÓRIA

*Ao seu Antônio Arruda,
espírita, pela realização do
meu sonho de publicar um
livro.*

*Hesitar.*

*(Do lat.*

*Haesitare.) V.*

*int. e t. i. 1.*

*Estar ou ficar*

*indeciso,*

*perplexo,*

*incerto,*

*irresoluto; não*

*tomar*

*resolução;*

*vacilar, trepidar,*

*titubear:*

*Hesitou muito antes de estabelecer o plano; "A princípio hesitou em prosseguir a marcha e recuou assustado" (Afonso Arinos, Histórias e Paisagens. p. 70); "Entreparou novamente,*

*como que*

*hesitando sobre*

*o que ia proferir"*

*(Armando*

*Fontes, Rua do*

*Siriri, p. 73). T.d.*

*2. Ter dúvidas*

*sobre; vacilar*

*em: Não hesitou*

*esbofetear o*

*ofensor*

*NOVO DICIONÁRIO AURÉLIO – Rio de Janeiro: Nova Fronteira, 1975..*

Agostinho disse,

*Inter urinas e*

*feces*

*nascimur,*

nascemos no

meio de mijo

e merda.


Paul

Goodman

# PENTECOSTALISMO, METROPOLIZAÇÃO E MODERNIDADE

*"A presença massiva da religião na cidade, uma aparente contradição, mostra bem como se constitui hoje o leque de possibilidades de sentido: a cidade não precisa mais de deus, mas, para aqueles que a própria cidade deserda e desampara, deuses de todo tipo e rito podem ser fartamente encontrados. A cada*

*culto se agrega outro culto, até que se extravasem todas as formas de combinação capazes de responder à criatividade (...) que a cidade, em todas as esferas, incentiva, premia e dela se alimenta"*

*Reginaldo Prandi*[1]

---

[1] PRANDI, Reginaldo. "As religiões, a cidade e o mundo". In: A. F. PIERUCCI-R. PRANDI, *A realidade social das religiões no Brasil*, p.28.

Este ensaio não é devocional, mas crítico.

Para tanto me baseie no trabalho dos teóricos:

Francisco Jean Carlos da Silva[2], Ricardo

Mariano[3], Ronaldo de Almeida[4] e João Décio

Passos[5].

O pentecostalismo surgiu com a

ocorrência do "falar em línguas" em Topeka

entre o século XIX e XX ou em Los Angeles em

1906. A cura divina, batismo do Espírito Santo,

doutrina do pré-milenismo e a chama do "falar

---

[2]SILVA, Francisco Jean Carlos da. **Pentecostalismo e Pós-Pentecostalismo – In:** Revista Eletrônica Inter-Legere. Número 2 - julho a dezembro de 2007, pp- 1-7.
[3]**O pentecostalimo no Brasil, cem anos depois. Uma religião dos pobres**
*Entrevista com Ricardo Mariano – In: CADERNOS IHU EM FORMAÇÃO Ano VIII Nº43 2012, pp-98-102*
[4]ALMEIDA, Ronaldo de. **Os Pentecostais Serão Maioria no Brasil? – In:** *REVER Revista de Estudos da Religião dezembro / 2008 / pp. 48-58*
[5] PASSOS, João Décio.**Pentecostalismo e Modernidade:** *Conceitos Sociológicos e Religião Popular Metropolitana – In: s/d, Mimeo. pp- 2-13*

em línguas" constituíram as principais marcas deste movimento, sendo a última uma marca distintiva para promoção ardente de suas doutrinas.

Aqueles que aceitam Topeka como o momento fundante do moderno movimento pentecostal apontam Charles Fox Parham como seu fundador. Foi ele quem pela primeira vez elaborou uma definição teológica do pentecostalismo que sublinhava o vínculo entre "Falar em Línguas" e o batismo do Espírito Santo. "Falar em Línguas" seria a evidência inicial do batismo do Espírito Santo.

O pentecostalismo se instalou oficialmente no Brasil através das Igrejas:

Congregação Cristã do Brasil e Assembléia de Deus. A primeira se instalou em solo brasileiro, em 1910, no bairro paulistano do Brás. A segunda em 1911, em Belém, no Pará. Essas igrejas foram trazidas dos Estados Unidos da América pelo italiano Luís Francescon e os suecos Daniel Berg e Gunnar Vingren que aqui firmaram suas doutrinas. Mas, como vem ocorrendo esse movimento religioso no Brasil? E qual a relação desta, vamos dizer, 'socialidade religiosa' com o processo crescente de metropolização vivido no Brasil?

O crescimento do pentecostalismo em vários lugares do Brasil evidenciou que esse movimento apresenta claras distinções de ordem doutrinária. Contudo, parece que, de modo genérico, o núcleo duro do pentecostalismo fundante permaneceu sem sofrer grandes alterações até o final dos anos 50 e início dos 60, do século XX, quando surge no cenário uma segunda onda, constituindo um movimento de renovação carismática. Depois, uma terceira onda iniciada nos anos 1980, que é conhecida como a corrente de renovação da igreja.

Segundo Mariano, "com base na discussão das tipologias recentes, a classificação do pentecostalismo tem três vertentes: **pentecostalismo clássico, deuteropentecostalismo e neopentecostalismo.**"

E o que caracteriza o pentecostalismo clássico? O pentecostalismo clássico é um termo adotado para transmitir a idéia de antigüidade ou pioneirismo histórico desse movimento. Assim, a Congregação Cristã no Brasil e Assembléia de Deus podem receber essa nomenclatura. As práticas do pentecostalismo clássico caracterizam-se por enfatizar o *dom de línguas*, a crença na volta iminente de Cristo, a salvação paradisíaca e pelo comportamento de radical sectarismo e asceticismo de rejeição do mundo exterior. Além disso, seus adeptos eram de classes menos favorecidas, rejeitados pelos protestantes históricos e perseguidos pela Igreja Católica.

E o Deuteropentecostalismo? O deuteropentecostalismo é a segunda fase do pentecostalismo brasileiro, iniciada no final dos anos 50 e início dos 60, do século passado, caracterizando-se pela inclusão de igrejas carismáticas independentes que aceitam os dons do Espírito Santo como válidos para os dias atuais, porém, são igrejas que permanecem em suas denominações, como: Igreja Quadrangular(1951), Brasil para Cristo (1955) e Deus é Amor (1962).

Sob a influência dos missionários e ex-atores de filmes de faroeste do cinema americano, Harold Williams e Raymond Boatright a segunda onda ganhou uma ênfase diferenciada do pentecostalismo clássico, agora, a bola de vez teológica era o dom de *cura divina*, prática que teve proporções continentais, provocando uma explosão numérica pentecostal em diversas partes do mundo.

Apesar de a primeira onda enfatizar o dom de línguas e a segunda, a de cura, "o núcleo doutrinário permanece inalterado em qualquer das ramificações pentecostais."

E em que medida o neo-pentecostalismo é continuação ou ruptura com as fases anteriores? O neopentecostalismo ou pós-pentecostalismo é um termo adotado para distinguir a nova roupagem que o pentecostalismo brasileiro vem desenvolvendo desde a segunda metade dos anos 1970, que cresceu e se fortaleceu nos anos 1980 e 90. A Igreja Nova Vida, fundada em 1960, no Rio de Janeiro, pelo missionário canadense Robert

McAlister, foi o palco inicial que fez nascer as maiores representatividades desse movimento, através das igrejas: Universal do Reino de Edir Macedo (1977), Internacional da Graça de Deus (1980), Cristo Vive(1986), Comunidade Evangélica Sara Nossa Terra (1976), Comunidade da Graça (1979), Renascer em Cristo (1986) e Igreja Nacional do Senhor Jesus Cristo (1994).

E o que caracterizaria essa nova e derradeira fase? O distanciamento substancial do pentecostalismo aconteceu devido à ênfase do pós-pentecostalismo pautar-se na *guerra espiritual* contra o diabo e seus demônios, a *teologia da prosperidade* que tem ligação direta com a teologia do pós-milenismo, antagônico da doutrina milenarista dos pentecostais e a eliminação dos *sinais externos de santidade*. A trilogia diabo, prosperidade-cura e anti-asceticismo sinalizam um novo paradigma na estrutura do pentecostalismo de terceira onda. E sem falar que esta terceira onda se organiza sempre de forma empresarial.

Estes fenômenos teológicos têm nítida ligação com o processo de metropolização do Brasil. As pessoas saídas da zona rural e que perderam seus vínculos comunitários originais ao chegar na metrópole, reinventam nestas igrejas os antigos laços comunitários perdidos. Assim os pentecostais buscam fortalecerem-se entre si, em meio a cenários de extrema pobreza material, política e violência urbana. É desta forma uma reação ao endurecimento da vida nas cidades grandes e uma crítica à secularização da modernidade.

# OS DOGMAS DA ARTE AFRICANA

Dogma [Do Gr. *Dogma*, pelo lat. *Dogma* ] Sm. 1.Ponto fundamental e indiscutível duma doutrina religiosa, e. p. ext. de qualquer doutrina ou sistema: "Segundo o dogma calvinista, o homem perdeu, pelo pecado original, todas as forças do bem" (Otto Maria Carpeuax, *A Cinza do Purgatório*, p. 302) 2. *Rel.* Na Igreja Católica Apostólica Romana, ponto de doutrina já por ela definido como

expressão    legítima    e
necessária de sua fé.

NOVO          DICIONÁRIO
AURÉLIO – Rio de Janeiro:
Nova Fronteira, 1975.

Este artigo busca refletir se há ou não um cânone[6] artístico no continente africano.

Para tanto buscamos analisar fontes como Nei Lopes[7]. Lá o sambista e pesquisador negro reúne os, vamos dizer, dogmas da arte africana.

---

[6] O conceito de cânone vem de *cânon,* que deriva do grego transliterado *kanon*; o qual por sua vez chegou até as línguas românicas com o sentido de *norma, regra.*
[7] LOPES, Nei. **Kitábu: o livro do saber e do espírito negro-africanos** – Rio de Janeiro: Editora Senac Rio, 2005.

Na parte inicial do livro denominada *Mooyo* há o *capítulo XII – A arte e sua finalidade*. E só pela forma que o pesquisador intitulou o capítulo, já percebemos muito do espírito da arte africana, pois segundo Nei Lopes a arte teria uma "finalidade". Sendo assim, a *weltanschauung* ou cosmovisão africana é teleológica por natureza.

Vamos ao primeiro "versículo" do capítulo:

"1. A arte deve estar intimamente relacionada à religião. E, assim, obedecer a certos dados constantes, como a **assimetria** e a **desproporção**."

Assim, flagramos o estabelecimento de um cânone artístico. Enquanto a arte grega privilegiou a *seção áurea*, a simetria e a proporcionalidade como ideais de beleza a serem imitados . A arte africana pré-moderna rompe com a estética canônica ocidental.

Mas o ocidente, ou melhor, a Europa no século XX foi seduzida pela arte africana, através do trabalho de artistas rebeldes ao academicismo que não conseguiram se desprender da visão de máscaras e fetiches africanos.

Muitos pesquisadores afirmam que artistas, como Pablo Picasso e os expressionistas alemães, beberam na fonte da arte africana[8].

Enquanto a arte ocidental é gratuita e tem como parâmetro a beleza, a arte africana, por sua vez, tem caráter utilitário e cultual. Sendo assim, caberia perguntar o trabalho do *asogbá* [9] é arte ou sacerdócio?

Na arte africana há uma tendência para o tradicionalismo. Portanto perguntamos: seria uma máscara africana arte ou artefato, posto que as máscaras não têm as marcas singulares do artista que a confeccionou, mas da etnia da qual pertence?

---

[8]AJZENBERG, Elza; MUNANGA, Kabengele. **Arte Moderna e o impulso criador da arte africana** – *In: Pesquisa em Debate edição 9, v. 5, n. 2, Jul/dez 2008, pp.- 2-7*
[9] Cargo hierárquico no candomblé brasileiro do artesão que faz apetrechos de palha para o orixá Omulu.

# O RETORNO DO SAGRADO NA PÓS-MODERNIDADE?

*"A linguagem religiosa não é só um modo de explicar o mundo, visto que a ciência, esta também o faz, mas a linguagem religiosa é o modo, para o crente, de habitar o mundo."*

Eulálio Avelino Pereira Figueira[10]

---

[10] FIGUEIRA, Eulálio Avelino Pereira. **Experiência Religiosa e Experiência Humana no séc. XXI: construção de chaves de leitura apara estudo do fato religioso** – In: *Revista Nures n° 7 – Setembro / Dezembro 2007 – http://www.pucsp.br/revistanures Núcleo de Estudos Religião e Sociedade – Pontifícia Universidade Católica – SP, pp- 1-20*

Este ensaio parte de indagações iniciais que quero compartilhar com o leitor, mas reconheço que não tenho todas as respostas do debate que quero levantar.

Por isso vamos a elas: há mais reverência na pós-modernidade? Ou seria o homem pós-moderno mais irreverente ou secularizado que os homens modernos e pré-modernos que lhe antecederam?

Se a pré-modernidade se caracterizaria pela sacralização da *physis* ou mundo natural; ao passo que a modernidade imediatamente posterior se caracterizaria pela dessacralização da physis e pelo respectivo **desencantamento do mundo** na fraseologia weberiana[11], mundo

---

[11] "Die Entzauberung der Welt" 1. Termo usado por Weber para indicar o processo de intelectualização e racionalização do mundo, próprio da modernidade. Processo acompanhado pela renúncia aos aspectos mágigos-religiosos e metafísico-sagrados da vida e que se

este tornado mercadoria ou valor de troca pelo

---

equipara à redução do existente a "objeto" cientificamente compreensível e tecnicamente manipulável: "Já não é preciso recorrer à magia para dominar ou para agradar os espíritos, como faz o selvagem, para o qual existem semelhantes poderes. Isso é suprido pela razão e pelos meios técnicos" ( La scienza come profesione, 1919, em Il lavoro intellecttuale como professione, trad. It., Einaudi, Turim, 1916, p.20). Tal racioionalização, que se indentifica com "a consciência ou a fé que basta apenas querer para poder" (ibid.), é efeito de uma mentalidade imbuída da eficiência capitalista, que, privilegiando a dimensão instrumental do agir, identifica a indústria, na administação burocrática e na ciência suas vigas mestras. Mas desse modo o homem ocidental, o homem- sujeito, acaba por fechar-se numa "gaiola de aço" de resultados duvidosos: "Ninguém sabe ainda quem, no futuro, viverá nessa gaiola e, se no final desse enorme desenvolvimento surgirão novos profetas ou renascerão os antigos pensamentos e ideais ou, caso não aconteça nem uma coisa nem outra, se haverá alguma espécie de empedernimento na mecanização..." (L'etica protestante e lo spírito del capitalismo, 1905, trad. It. em "Sociologia della Religioni', Utet, Turim, 1976, p.332). De qualquer modo, todos aqueles que, incapazes de viver num mundo "sem Deus e sem profetas", preferiram voltar-se para os braços das antigas igrejas, deverão preparar-se para um inevitável "sacrifício do intelecto" (La scienza come professione, cit., p. 40) (V. MODERNO, SECULARIZAÇÃO). 2. A noção de Desencatamento do mundo ("desencanto") do mundo é uma das mais recorrentes da linguagem filosófica hodierna e costuma funcionar como código da modernidade e das suas tendências profundas (cf. S. GIVONE, Disincanto Del mondo e pensiero trágico, 1988.

ou A burocratização das relações sociais já era uma realidade no início do século. O estado, as empresas privadas e as instituições civis já manifestavam o predomínio das relações burocráticas e foi isto que proporcionou o "desencantamento" do mundo" e a teoria da burocracia de Max Weber.

capital, como se vê em inúmeros marxistas.[12]

Cabe-nos perguntar: e na pós-modernidade houve uma ressacralização e re-encantamento do mundo?

Ou avançamos rumo à secularização com a subjetividade imersa na morte de Deus[13], como prevista pelo filósofo alemão Friedrich Nietzsche?

Há um retorno do sagrado na pós-modernidade? Mas em que termos? O homem pós-moderno gosta de rezar ou de consumir? E

---

[12] KURZ, Robert. **Razão Sangrenta: Ensaios sobre a crítica emancipatória da modernidade capitalista e seus valores ocidentais** – [tradução de Fernando R. De Moraes Barros ] - São Paulo: Hedra, 2010.

[13] VATTIMO, Gianni. **Depois da Cristandade: por um cristianismo não religioso** – [tradução: Cynthia Marques] – Rio de Janeiro: Record, 2004.

VATTIMO, Gianni. **Diálogo com Nietzsche: Ensaios 1961 – 2000** – [tradução: Silvana Cobucci Leite] – São Paulo: Editora WMF Martins Fontes, 2010.

se gosta de rezar o faz fidelizando-se rigidamente a esta ou aquela igreja ou o seu pertencimento religioso é fluido e difuso como se vê no fenômeno da rotatividade religiosa?

A religião na pós-modernidade é sincrética? Se não como vermos fenômenos como o neo-pentecostalismo tensionados pelo hábito de esconjurar as religiões afro e, ao mesmo tempo, se utilizar de certos elementos das liturgias afros para atrair multidões?

E a espiritualidade *new age* [14], assim como certos aspectos do neo-pentecostalismo,

---

[14] A ideologia New Age assim como sua prática traduz em termos contemporâneos as trajectórias dos dois universos de cujos aspectos negativos pretende afastar-se: o monoteísmo, por definição, totalitário e o capitalismo, tecnocrático. Do primeiro herdou a pretensão unitária travestida de pluralismo. Do segundo , o modo de o fazer: a capacidade de dividir, separar, descontextualizar e depois reunir e combinar segundo um pragmatismo utilitário orientado pelas aspirações supostas do consumidor Referência bibliográfica: .MONTENEGRO, Miguel. **New Age: ruptura ou continuidade?** – In: 1ªs Jornadas Interdisciplinares da Casa Comum, na Universidade Fernando Pessoa, no dia 10 de maio de 2000.

seriam a aprova de que a religiosidade pós-moderna, caso exista, é sempre embalada pelas leis da economia de mercado e pelas engrenagens da sociedade de consumo?

# O PROVIDENCIALISMO BÍBLICO

*"Todos esses seres esperam*
*de vós que lhes deis de*
*comer em seu tempo"*

*Sal 103, 27*

Este ensaio é uma tentativa de reflexão sobre o conceito de que chamo **providencialismo bíblico**. E para tanto, cabe checar no Dicionário Aurélio, o que o mesmo diz sobre o vocábulo 'providência':

"1. A suprema sabedoria com que Deus conduz todas as coisas.".

Também é interessante checar a definição de 'providencialismo':

" Doutrina filosófica que atribui tudo à ação da providência divina."

Partindo dessas premissas lexicográficas, cabe indagar: qual a implicação do conceito de providência para o entendimento de um conceito pressuposto: a natureza de Deus?

Sim! Porque se a frase diz que Deus conduz com sabedoria [...] O verbo 'conduzir' implica numa noção pessoal e intervencionista de Deus, ou numa expressão: um Deus teísta.

A cristandade sempre "vestiu" Deus com trajes teístas. E assim, teremos inúmeras passagens em que vemos um Jeovah diretamente afetado por seu suposto povo eleito. Desse modo, O Deus pessoal de Moisés se irrita com a murmuração de seu povo, que não aprecia o sabor do "maná" vindo dos céus para saciar sua fome.[15] E se um Deus se irrita, é lógico que a Bíblia lida com um conceito de pessoa, ainda que a cristandade pós-mosaica tenha "trinitarizado" esta pessoa, que antes, no mosaísmo, era "unitária".

E quais as implicações teológicas do teísmo judaico-cristão? O teísmo concebe Deus como um criador extremamente interessado em sua suposta criação: o universo. Ao contrário do Deísmo de Voltaire e dos Iluministas – o qual

---

[15] Exôdo, 16.

concebia o universo criado como um dispositivo automático e auto-regulado por um Deus relojoeiro desinteressado com a criação e, portanto, distante dela – o Teísmo supõe um Deus mecânico, na metáfora do cristão Isaac Newton, constantemente intervindo em sua criação[16]. Enquanto no Deísmo não faz sentido o hábito da prece, partindo do pressuposto de que o Criador teria se ausentado do universo após o ato criador e, portanto, sem poder mudar as leis regulares com que o criou. No teísmo, por sua vez, faz todo sentido a evocação de um suposto criador através do hábito da prece: pois Deus não só intervêm no universo, como pode anular suas leis – vide o episódio do mar vermelho anulando a lei da gravidade e do volume.

---

[16] GLEISER, Marcelo. **A Dança do Universo: dos mitos de criação ao Big Bang** - São Paulo: Companhia das Letras, 1997

E cabe perguntar: por que existe prece?
Porque existe quem ofereça preces, ou seja, o
homem. Então para não ficar pensando apenas
na perspectiva do "criador", que tal analisar a
perspectiva da suposta criatura?

Enquanto o Ocidente concebe Deus
como metáforas da mesopotâmia: Rei dos reis,
senhor dos exércitos; por sua vez o mesmo
Ocidente concebe a "criatura" como tendo sido
feita de barro. E, é na metáfora do artefato, que
o homem ocidental se vê. Assim faz todo um
sentido um Deus "criador" que moldou o homem
do barro e o universo do átomo. E para tanto faz
todo sentido também o conceito de providência,
pois se o homem é o artefato e Deus é o artífice,
geralmente os artistas têm zelo com suas
esculturas.

# O CATOLICISMO NA PÓS-MODERNIDADE

Este artigo a despeito do título tem propósitos modestos. Pretende-se analisar o catolicismo no Brasil depois da divulgação dos resultados do Censo do IBGE de 2010.

Segundo o pesquisador Faustino Teixeira[17] houve um declínio do número daqueles que se declaram católicos para os recenseadores do IBGE.

A despeito da imensa maioria do país ainda se declarar católica, houve nitidamente um decréscimo no número de católicos no país. Os dados apresentados indicam que a proporção de católicos caiu de 73,8%

---

[17]TEIXEIRA, FAUSTINO. **Catolicismo no Brasil em declínio: os dados do Censo de 2010** - *In: CADERNOS IHU EM FORMAÇÃO Ano VIII Nº43 2012, pp- 12-14.*

registrados no censo de 2000 para 64,6% nesse último Censo, ou seja, uma queda considerável.

Como interpretar esses dados? Trata-se de uma queda que vem ocorrendo de forma mais impressionante desde o censo de 1980, quando então a declaração de crença católica registrava o índice de 89,2%. Daí em diante, a sangria só aumentou: 83,3% em 1991, 73,8 % em 2000 e 64,6% em 2010. O catolicismo continua sendo um "doador universal" de fiéis, ou seja, "o principal celeiro no qual outros credos arregimentam adeptos", para utilizar a expressão dos antropólogos Paula Montero e Ronaldo de Almeida.

E onde a redução católica foi maior no Brasil e em qual lugar o número de católicos permanece igual? A redução católica ocorreu em todas as regiões do país, sendo a queda mais expressiva registrada no Norte, de 71,3% para 60,6%. O estado que apresenta o menor percentual de católicos continua sendo o do Rio de Janeiro, com 45,8% (uma diminuição com respeito ao censo anterior que apontava 57,2%). O estado brasileiro com maior percentual de católicos continua sendo o Piauí, com 85,1% de declarantes (no censo anterior o registro era de 91,4%). Os dados indicam que o Brasil continua tendo uma maioria católica, mas se a tendência apontada nesse último censo continuar a ocorrer teremos em breve uma significativa alteração no campo religioso brasileiro, com impactos importantes em vários campos.

E qual segmento religioso cresceu? O novo censo aponta um dado que já era previsível, a continuidade do crescimento evangélico no Brasil. Foi o segmento que mais cresceu.

Segundo os dados agora apresentados ( de 15,4% registrado no censo de 2000 para 22,2%). O aumento é bem significativo, em torno de 16 milhões de pessoas. Um olhar sobre os três últimos censos possibilita ver claramente essa irradiação crescente: 6,6% em 1989, 9,0% em 1991, 15,4% em 2000 e 22,2% em 2010. O Brasil vai, assim, se tornando cada vez mais um país de presença evangélica. Há que sublinhar, porém, que a força desse crescimento encontra-se no grupo pentecostal, que é o responsável principal por tal crescimento, compondo 60% dos que se declararam evangélicos (no censo anterior, o peso decisivo no crescimento dos evangélicos, em 15,44% da declaração de crença, foi dado também pelo pentecostais, que sozinhos mantinham 10,43% do índice geral evangélico). Os evangélicos de missão não registram esse crescimento expressivo, firmando-se em 18,5% da declaração de crença evangélica.

Qual a surpresa do censo? Os "sem religião", que no censo de 2000 representavam a terceira maior declaração de crença no Brasil mantiveram o seu crescimento, ainda que em ritmo menor do que o ocorrido na década anterior. Eles eram 7,28% no censo de 2000 e subiram agora para 8% (um índice que comporta mais de 15 milhões de pessoas), e o seu registro mais significativo continua sendo no Sudeste. Esse crescimento não indica, necessariamente, um crescimento do ateísmo, mas uma desfiliação religiosa, certo desencanto das pessoas com as instituições religiosas tradicionais de afirmação do sentido. Reflete certo "desencaixe" dos antigos laços, como bem mostrou Antônio Flávio Pierucci em suas pesquisas.

Brasil: país católico ou diversificado? Com respeito às outras religiões, permanecem com uma representatividade pequena que em sua soma geral não ultrapassa 3,2% de declaração de crença. Mantém-se viva a provocação feita por Pierucci em artigo escrito depois do censo de 2000 sobre a diversidade religiosa no Brasil, de que o Brasil continua hegemonicamente cristão, e a diversidade religiosa – ainda que em crescimento –, permanece apertada em estreita faixa um pouco acima de 3% da declaração de crença. Com base nos dados do censo agora apresentado, os cristãos configuram 86,8% da declaração de crença. Não há dúvida que isso pode ser problematizado com a questão complexa da múltipla pertença ou então da malha larga do catolicismo, que envolve, como diz Pierre Sanchis a presença de "muitas religiões" em seu interior.

Cabe refletir que rumos tomarão o catolicismo no Brasil e no Mundo. Já que aparentemente a receptividade do Papa Francisco ao Brasil foi imensa, em sua passagem pelo país na *Jornada Mundial da Juventude* em Julho de 2013 realizada com estardalhaço midiático na capital carioca.

Em face do contexto da pós-modernidade que exige tempos pluralistas terá o próximo Papa a marca desses novos tempos? O Papa Francisco sinaliza tolerância em relação aos gays, pois quando foi interpelado sobre o assunto no Programa Fantástico ele afirmou que não se deveria 'marginalizar' essas pessoas.

Ou continuará o catolicismo como metanarrativa entre outras (historicismo hegeliano. cientificismo positivista, marxismo) a impor-se como **pensamento forte** (Gianni

Vattimo) sem dialogar com outras tradições religiosas e com matrizes pós-coloniais?

Continuará o Vaticano fortemente centralizador a punir iniciativas como a Teologia da Libertação que configurou nas CEB's uma nova igreja acéfala e horizontal, do qual o Papa Joseph Ratzinger foi o mentor da perseguição?

# É O ESPIRITISMO UM PARADIGMA?

A pergunta pressupõe que o leitor domine o conceito de paradigma tão falado hoje em dia, mas pouco apreendido em sua essência.

Paradigma é basicamente modelo, padrão, esquema de referência; como se vê nos trabalhos do teórico Thomas Khun.

O espiritismo kardecista é um paradigma? Contudo, paradigma de que área? Científico, religioso, político, estético?

O espiritismo de Kardec é um sistema de explicação da realidade, que se baseia em tríplices pressupostos: moral (religioso), científico (epistemológico) e filosófico (metafísico).

É um paradigma cristão? Sim e não. Sim, porque pretende ser a atualização do Evangelho de Jesus. Não, porque o Cristo do Espiritismo de Kardec não é o Cristo do Vaticano nem o das Igrejas Reformadas.

Cristo para a doutrina espírita não é Deus, mas um mestre ascensionado. Então desta forma o paradigma espírita desdiviniza Cristo, enquanto o sapiencializa.

O espiritismo de Kardec é uma ideologia? Karl Marx ao criar o conceito de ideologia diz que o mesmo é "a inversão da realidade". Nisso Marx pretendia criticar o idealismo alemão de seu tempo, em livro célebre escrito em parceria com Engels. Mas o paradigma kardequiano não pretende inverter ou deformar a realidade, mas esclarecê-la.

Embora tendo surgido no século XIX e ainda, em certa medida, refém do paradigma cartesiano-newtoniano, a *episteme* espírita procura se atualizar ao incorporar os valores e premissas da ciência de nossa era pós-moderna, a qual criou um paradigma sistêmico e holístico a partir da revolução científica proporcionada pelas descobertas da Teoria da Relatividade e da Física Quântica.

E politicamente falando? O paradigma espírita é de direita, centro ou esquerda? As casas espíritas tendem a ser conservadoras, mas como a própria pós-modernidade é plural : não será difícil encontrar na mesma casa espírita: um kardecista anarquista, ao lado de outro que é liberal burguês. Pois a doutrina deixa seus praticantes bem à vontade quanto ao seus credos políticos.

E na estética? O espiritismo aceita o punk rock ou obriga que só se escute Mozart? Mais uma vez evoco a noção de pluralismo pós-moderno para responder. Há uma tendência óbvia para o tradicionalismo estético, mas entre os apreciadores do espiritismo poderá se encontrar até artistas extravagantes como a escritora paulista Hilda Hilst – conhecida pelas suas experiências em gravar vozes de mortos e por sua literatura obscena – ou de músicos atonalistas de vanguarda como Walter Smetak e J. Koelreutter.

# A ESPIRITUALIDADE DO UNIVERSO SEM AUTOR

*"Um Deus compreendido não é Deus"*

*Rudolf Otto*

*"Não há dúvida de que a ciência legou ao mundo moderno, por meio de teorias como a mecânica newtoniana e a darwinista (esta, objeto de mal-estar para a Igreja ainda nos tempos atuais), uma visão do universo como algo vazio e sem autor."*

*Luís Felipe Pondé*

Este ensaio parte de um paradoxo aparente e quase insolúvel: como espiritualizar um universo que não teve Criador? Como sacralizar um universo que talvez não seja o *kosmos* dos gregos – a saber: um todo ordenado, harmonioso e cheio de regularidades?

Como reagirá o homem moderno ante a angustiante orfandade de um universo vazio e indiferente, segundo o modelo astrofísico de Newton? Pois com a física newtoniana o universo passou a ser uma caixa de areias e pedras que se atraem e se repelem matematicamente. Ainda quando vigorava o modelo aristotélico de descrição do universo podia se ver no universo: a assinatura de Deus. Uma assinatura física mas também moral. Pois a física aristotélica trabalhava com a noção de finalidade e dava um rastro teleológico ao universo da idade média. Assim a "Criação" tinha um objetivo. E isso confortava as pessoas.

Contudo com o modelo de Newton algo se quebrou. O universo deixou de ser uma casa onde se manifestava os desígnios de um "Criador" e passou a ser um lugar desolado e frio, regido por leis probabilísticas e fixas, sem lugar para milagres e intervenções sobrenaturais.

Embora Newton não fosse ateu, em seu fórum íntimo havia lugar para Deus; já em seu modelo as coisas não passavam a ocorrer pela "vontade de Deus", mas passavam a se mover sozinhas. A solidão se instaura aí nesse universo contaminando a vida dos homens e mulheres, fazendo-os sentirem-se como pedras que vagam sozinhas pelo universo indiferente.

E o que propor neste cenário para torná-lo mais tolerável? Se não podemos transcendentalizar o universo e se só nos resta imanentizá-lo, que tal tentar salvar esse universo pela estética, já que não podemos teologizá-lo? Sim! Mesmo que o universo seja fruto de uma explosão que aconteceu há prováveis 20 milhões de anos atrás (Dicionário Enciclopédio de Astronomia e Astronáutica de Ronaldo R. de F. Mourão), sem nenhum propósito aparente e sem nenhuma assinatura; que tal poetizar as galáxias, os aglomerados, as estrelas, os cometas, os meteoros que nos inspiram otimismo e os crepúsculos penumbrados que nos sugerem melancolia e instrospecção? Eis a minha proposta: se não podemos salvar o universo pela religião, pois o universo não cabe nos domínios da mesma, que tal resgatá-lo pela arte?

# A CULTURA IORUBÁ É HETEROSSEXISTA E HETEROCÊNTRICA

Este breve estudo pretende esmiuçar o caráter dos papéis sexuais na cultura iorubá.

Iorubá é um território etno-linguístico que abrange parte da Nigéria, Benim e Gana no continente africano.

E é também um idioma falado pelos praticantes da religião tradicional africana dessa extensão territorial.

Esta pesquisa não é leviana, mas é parcial pelo fato de que até agora não consegui que nenhuma fundação ou universidade financiasse uma viagem minha para morar um tempo com esses povos. E nada melhor do que uma imersão no campo, para poder dizer se o que dizem os etnógrafos e antropólogos é verdade ou mentira.

Então assumindo que sou um pesquisador deficitário ? visto que me amparei na pesquisa de terceiros e não na minha própria observação de campo ? faço afirmações sobre essa cultura que poderão ferir suscetibilidades dos africanos que moram no Ceará ou dos militantes do movimento negro cearense e de fora do Ceará.

Baseio minha pesquisa numa bibliografia que inclue Reginaldo Prandi, Ronilda Yakemi Ribeiro e para não dizer que sou consultei teóricos de pele branca; também consultei a obra do pesquisador negro Nei Lopes, embora deva reconhecer que este pesquisador concentra suas pesquisas criteriosas e ricas na chamada África banta.

No livro de Nei Lopes ?Kitábu: o livro do saber e do espírito negro africanos? é que pude notar com mais clareza a ambígua relação da religião tradicional africana ioruba com os chamados homossexuais.

Nas aldeias iorubas é expressamente valorizado o homem fértil, cheio de filhos e netos, onde supostamente poderá reencarnar-se. Enquanto o homem estéril, afeminado ou sem filhos é extremamente mal visto, posto que não terá descendentes onde possa reencarnar-se.

As mulheres masculinizadas ou guerreiras são permitidas e há até orixás femininos que as representam, mas simbolizam odus negativos como Yansã (o desasossego) e Obá (a solidão).

Sendo assim, concluo preliminarmente que a cultura ioruba é uma cultura heterossexista e heterocêntrica, visto que qualidades negativas como volubilidade e inconstância são simbolizadas pelo odu de Oxumaré.

Porém, como disse me amparei em terceiros. Mas talvez se eu fosse para África por ser um mulato de pele clara, talvez tivesse dificuldades de fazer uma imersão no cotidiano dos moradores desses vilarejos, ao ponto de obter confidências sobre questões como representações sexuais.